Couverture inférieure manquante

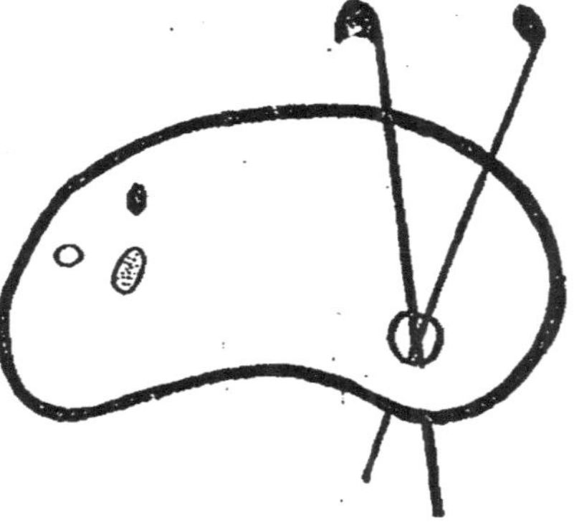

ORIGINAL EN COULEUR
NF Z 43-120-8

Contraste insuffisant
NF Z 43-120-14

SOUVENIRS D'ÉGYPTE

1882

RAOUL DE GRANDLAUNAY

DE L'ORDRE PONTIFICAL ROMAIN DU SAINT-SÉPULCRE

SOUVENIRS D'ÉGYPTE

SOUVENIRS D'ÉGYPTE

1890 et 1891

PAR

Raoul DU GRANDLAUNAY

CHEVALIER

DE L'ORDRE PONTIFICAL ROMAIN DU SAINT-SÉPULCRE

Armé à Jérusalem

LE SAMEDI 24 MAI 1890

———————

ANGERS

LACHÈSE et Cie, IMPRIMEURS-LIBRAIRES

4, CHAUSSÉE SAINT-PIERRE, 4

—

1896

A Madame MARIE DE KERSABIEC

COMTESSE DOUAIRIÈRE DE LA SELLE-D'ÉCHUILLY

En son manoir de Bois-Garnier, à la Boissière-sur-Èvre.

*Château de la Herpinière, par Montsoreau
(Maine-et-Loire), 1ᵉʳ janvier 1896.*

Bonne Tante,

*Je retrouve quelques feuilles de notes glanées
en voyage, elles portent une adresse. Permettez-
moi de vous les restituer ; je les avais écrites, en
effet, à votre intention, car vous m'aviez gracieusement dit en partant :* « De cœur je voyagerai
avec toi. »

*Ce sont des souvenirs d'Afrique griffonnés en
Asie dans les haltes de Samarie à Naplouse ou à
Djénine et peut-être ailleurs, je ne saurais pré-
ciser ; mais ce que je me rappelle très bien, c'est
que le soir je prenais plaisir, en descendant de
cheval, à causer avec vous sur mon petit carnet,
c'était mon meilleur repos.*

*Comme dans la vie sous la tente, en Syrie nous
étions parfois loin de nos désirs ; et de plus, nous
manquions de tout. Ainsi pour vous embrasser,
tante Marie, et vous écrire :* « Je vous aime », *il
fallait s'asseoir d'abord par terre au milieu d'un
beau tapis de chardons, puis mettre une botte sur
mes genoux, ce qui me procurait facilement un
bureau ; au camp les tables sont aussi inconnues
que les chaises ; vraiment la caravane n'était pas
luxueuse, mais nous étions contents et alors tout
était bien.*

*En parcourant ces pages, je vois que les lacets
fleuris du Mont-Carmel et les lauriers roses du
Jourdain n'y sont pour rien, le lac de Tibériade
même n'avait pu faire oublier l'Egypte ! ! !*

Oh ! ma tante, je ne m'étais pas imaginé qu'il y avait sur la terre un aussi merveilleux Paradis ; je le trouvai si beau que je voulus en partager le charme en vous disant mon enthousiasme. Ce qui était d'autant plus facile, que de souvenir je vivrai toujours au Caire, mariant au pays des Pharaons mes plus chères affections ; depuis, souvent en rêvant, je vogue encore sur le Nil bleu, où mon admiration dépasse les Pyramides.

Mais quel malheur ! les Juifs se sont emparés de ce jardin délicieux ; sous le nom d'Anglais, vous ne sauriez croire au chagrin éprouvé à la vue de cette hideuse plaie, rongeant ce peuple infortuné, dont le crime est d'être le plus faible et d'habiter un pays riche.

Heureusement que bientôt viendra le jour où l'Egypte chrétienne, imitant ce qui sera alors ici et partout, exterminera cette race maudite pour la gloire de Dieu et le bien général des nations ; en attendant, tout vrai Français ne peut rester indifférent devant l'injustice, il doit de son âme indignée ne cacher le courroux.

Voilà pourquoi, tante chérie, en les quelques lignes que je vous envoie, j'ai piqué avec rage : Les Juifs ennemis des Chrétiens et des fleurs de lys.

Agréez ce souvenir respectueux qui n'est rien, hormis une vieille dette de reconnaissance ; n'est-ce pas vous, tante, qui avec mon regretté oncle, notre bon père Jean de Kersabiec, m'aviez conseillé mes voyages en Orient ?

C'est donc encore, et toujours, à ma meilleure parente que je dois

SOUVENIRS D'ÉGYPTE

1890 et 1891

PAR

Raoul DU GRANDLAUNAY

CHEVALIER

DE L'ORDRE PONTIFICAL ROMAIN DU SAINT-SÉPULCRE

Armé à Jérusalem

LE SAMEDI 24 MAI 1890

UNE NUIT A ALEXANDRIE

C'était en 1890, à mon premier voyage en Orient, le 24 avril, veille de la saint Marc ; j'étais à bord du *Poitou*, débarquant en Égypte.

Les cavas du consul nous attendaient sur le quai, distribuant en notre honneur une généreuse réjouissance de coups de cannes, à la foule assemblée pour voir débarquer ses amis les Francs ; jamais je n'avais vu rien de semblable, mais si difficile qu'en fût la traversée, ne la comparons pas cependant à celles de la Méditerranée ou de la terrible mer Ionienne ; bien mieux vaut ne plus penser aux vieilles épreuves des jours passés, et admirer chemin faisant les choses que nous rencontrons.

La ville neuve d'Alexandrie a des rues longues et larges, comme nos boulevards de France, elles traversent d'immenses places publiques, plantées de grands palmiers sous lesquels on entend la musique, on y crie, on y chante ; partout est une multitude de gens somptueusement, ordinairement, ou pas du tout vêtus ; la couleur des frimousses est presque aussi variée que le bariolage des divers coutumes ; à côté de l'Arabe et de l'Égytien regardez le beau nègre d'Abyssinie coudoyant le gros Turc qui lui baille en passant un coup de bâton pour rappeler les distances et sa suzeraineté ; ici le rouge et fier soldat de l'armée britannique file à grands pas la canne à la main : on trouve des chrétiens vêtus comme vous, et trop de Juifs crasseux.

Les riches indigènes portent pour tout vêtement une longue robe de soie généralement jaune ou bleue ; les gueux s'en passent.

Les femmes, toujours voilées, portent des fardeaux sur la tête, ou reviennent en bandes joyeuses d'emplir leurs gargoulettes d'eau pure au divin fleuve; se riant des Aniers, la gaule à la main, courant à fond de train pour poursuivre en tous sens leurs bandes indisciplinées au milieu d'un méli-mélo de marchands de choses curieuses qui font un vacarme extraordinaire, c'est tout oriental.

Les maisons souvent hautes comme celles d'Europe sont couronnées de jardins en terrasses d'où s'échappe une ravissante et folle floraison, retombant en lianes parfumées sur les murs et les fenêtres grillées des harems; une volée d'oiseaux étincelants au soleil y habite et complète l'harmonie de ce printemps perpétuel et idéal; au loin la vieille ville montre par-dessus cet Éden les dômes blancs de ses mosquées confondus avec les aiguilles des minarets. C'est la partie que le 11 juillet 1882 les Anglais n'ont pas détruite lors de la prétendue révolte d'Arabi Pacha, créée par eux, moyennant bachiche, dans le but de s'emparer le 17 du même mois, de la riche Égypte, de complicité avec le ministre, franc-maçon et protestant, de Freycinet, ami du juif Cornélius Herz.

Le soir nous dînions tous à la table hospitalière de l'école Sainte-Catherine, la colonie française nous fêtait pour nous faire oublier la mauvaise cuisine méridionale du bord; en nous offrant l'occasion de préférer aux infects ragoûts à l'ail du *Poitou*, le consommé de tortue, les loups de mer aux pickles, la rouelle de buffle aux petites betteraves noires, les pyramides de cailles grasses rôties, et le fromage au lait de chameau, des oranges; dattes, bananes, loucoum, et le fameux café indigène fait à la mode arabe; succulent et original

menu arrosé de vin de Chypre, mais vous ne vous ima-
ginez pas quelle ambroisie qu'est ce petit nectar d'or, et
encore après nous devions avaler dans le parc em-
brasé à la lumière électrique, un fin concert d'instruments à cordes, qui terminait cette chaleureuse
réception.

Au moment où nous quittions nos amis il était déjà
tard, et bien temps pour des gens fatigués de s'aller
coucher au navire; pourtant nous n'y allâmes pas de
suite, il s'en fallut même de beaucoup.

Nous nous trouvions en Ramazan, c'est à-dire en
carême musulman, tout croyant est sévèrement astreint
par la loi Ottomane au jeûne absolu pendant le jour, la
nuit au contraire se passe en fêtes et festins; la ville
s'éclaire brillamment , les mosquées illuminées
échappent et reprennent des essaims grouillants et
bourdonnants, que les muezzins exhortent du haut des
minarets en criant comme si on les fricassait.

Il en est ainsi jusqu'à ce que le canon annonce le lever
de Phœbus, alors comme des matous fatigués d'avoir
galopé toute la nuit la gouttière, chacun s'en va se
reposer.

Tout était nouveau pour nous qui étions pour la plu-
part de grands enfants voyageant pour la première fois
en Orient. Je ne sais quelle heure il était, quand, avec
mon ami Gérard (1), nous avons commencé à prendre le
courant de la foule, nous laissant aller doucement à la
dérive, ouvrant de grands yeux pour mieux voir,
émerveillés et enthousiasmés par tout. Nous parcou-
rons ainsi les bazars, rencontrant par ci par là quelques

---

(1) Baron van Rickevorsel van Risenburg, demeurant alors à Anvers (Belgique), avenue Morelus, 14. Depuis endormi dans la paix du Seigneur à l'abbaye
de Notre-Dame de Koningshoeren à la Trappe de Tilburg en Hollande, en
religion Père Louis de Gonzague, emportant ma meilleure affection.

amis, marchant eux aussi à l'aventure, en ayant l'air
de s'amuser autant que nous.

Semblables à ces phalènes folles que la lumière attire,
volant d'elles-mêmes au danger qui leur brûle les ailes,
nous étions partis sans réflexions, enjambant gaiement
les dormeurs des trottoirs, car pour une partie de la
population de ces chauds climats, la belle étoile est
l'unique toit, le pavé de la chaussée le matelas, le déli-
cat cherche la marche d'une maison pour oreiller; au
reste les passants se chargent de couper la longueur
des cauchemars à ceux qui y sont sujets, les malheureux sont sans pitié piétinés, pillés, écrasés, mais nul
n'y trouve à redire, c'est dans les mœurs, il est d'usage
de passer comme sur des tapis. D'abord pour des
Européens cette coutume paraît barbare, mais on s'y
fait d'autant plus vite qu'il est impossible de faire
autrement tellement la jonchée est rapprochée en ce
palais de Morphée; ils semblent tous morts et insen-
sibles même aux coups droits de pointes de cannes, qui
devraient les défoncer, d'autant plus fréquemment
qu'en Orient, tout homme qui veut se faire respecter,
s'il ne porte pas une demi-douzaine de sabres ou de
pistolets à la ceinture, a au moins un bâton; roulés
dans leurs haïcs on dirait des balles de coton.

Poursuivant notre étude de mœurs lévantines, en
enfonçant toujours dans le labyrinthe, nous trouvions
toutes ces choses amusantes, et il en fut probablement
ainsi plus longtemps que nous le pensions. Après la
taverne maure nous visitions les marchands soudanais,
les joailliers enfants d'Israël, les brodeurs syriens, les
armuriers de Damas, les rôtisseurs de rissoles à l'huile
de palme, les fellahs, vendeurs d'oranges, citrons, noix
de coco, d'ananas odorants, et d'une quantité de

courges qui composent, avec les concombres crus, la nourriture populaire. Çà et là, au milieu des files de chameaux, se tiennent des bédouins chargés de chasse et de dépouilles du désert , quartiers d'éléphants , gazelles et flamants, plumes d'autruches et dents de chameaux, fourrures de lions et de panthères, peaux d'hippopotames et de crocodiles ; près de ces barbares sont accroupies, sous les grands dattiers, de gracieuses bouquetières pliant sous les corbeilles de roses ; le Nil pare et parfume ses rives charmeuses de si jolies fleurs! Enfin ne pouvant tout conter en détail ce qu'on voit encore au pays des Pyramides, je dirai pour résumer qu'on y contemple toutes les merveilles de la création.

En quittant le bazar nous arrivons dans un des quartiers les plus musulmans, à une ruelle étroitement resserrée entre deux haies de constructions bizarres, dont les nombreux étages successifs de balcons formaient une voûte par leurs prolongements en se rejoignant ; des fumiers d'entrailles de moutons obstruaient en partie la voie, dégageant une odeur infecte en attendant l'arrivée des vautours, balayeurs ordinaires des villes d'Orient ; nous n'étions plus dans les grands quartiers tant s'en fallait ; mais les deux amis voulaient tout voir, n'en déplaise aux croyants sortant en ce moment des mosquées criant, gesticulant, comme des moulins à vent ; aucun doute n'était possible sur leurs sentiments à la vue des chrétiens, viciant par leur indigne présence l'air d'un saint lieu ; on nous avait bien dit qu'en temps de Ramazan les européens évitent généralement par prudence tout conflit avec les indigènes surexcités jusqu'au fanatisme, par les violentes prédications qui se font alors dans les mosquées.

Mais nous n'étions pas venus en Égypte de Belgique

et de France pour avoir garde de ses singes grima-
çants : du moins nous le croyions, pourtant la démons-
tration du contraire approchait avec toutes seś tribu-
lations.

Nous commencions à n'en pouvoir plus, l'heure
s'avançait, les passants devenaient rares, les falots
s'éteignaient de plus en plus, la retraite s'imposait ;
mais la grande affaire était de retrouver son chemin au
milieu de ces dédales, pour nous rendre aux grandes
artères qui mènent au port ; par malheur toutes les
boutiques s'étaient fermées petit à petit, la ville tout à
l'heure si brillante s'était rapidement plongée dans
l'obscurité ; nous avons cherché vainement un magasin
européen pour nous renseigner, mais plus rien, que de
désolantes fermetures de planches noires, sans plus de
succès, mais trop fiers pour nous avouer réciproque-
ment nos impressions pénibles, nous allons encore
longtemps à la découverte.

Un grand siècle semblait s'écouler, nous ne ren-
contrions plus personne, quand un troupeau d'âniers
et de grands ânes blancs zébrés vint à passer ; un
baudet se loue à la course à Alexandrie, comme un
fiacre chez nous ; la baron enfourche un bouriquet, j'en
fais autant, pensant que ce moyen de locomotion devait
nous tirer d'affaire en nous menant à quelque endroit ;
ah hu ! nous voilà partis.

Ah oui hu ! pas besoin de le redire longtemps, les
espiègles de celignous comprenant notre embarras à
cette heure en profitèrent pour nous offrir une farce de
leur façon..., l'Arabe est d'un caractère naturellement
enjoué, un rien l'amuse ; aussi furent-ils heureux de
trouver à rire en même temps que deux jeunes clients ;
à grands coups de courbache ils emballèrent nos

montures, suivies immédiatement des cinquante autres de la même écurie ; nous criions, tempêtions, menacions, rien n'y faisait, ils fouettaient toujours ! Leur joie semblait extrême, surtout quand par mégarde ou autrement un des coups manquant son but nous arrivait par contre. Hormis notre agrément rien n'était négligé à cette course effrénée, menée sur des selles arabes pointues comme des clochers, à travers une profusion d'obstacles naturels et faits à plaisir, même pas la charge à fond de train qui ne manquait pas de piquant dans les épines de cactus.

La rencontre opportune de la garde anglaise mit fin à cette mauvaise plaisanterie ; totalement disloqués nous descendons de nos ânes de supplice, à l'hilarité de la patrouille ; Gérard, avec une éloquente conviction, fit en anglais le récit de notre infortune, à quoi le chef répondit en français : « En Égypte, je ne comprends pas l'anglais », et, tournant militairement les talons, il commanda demi-tour à ses soldats, qui se tordaient de rire, nous laissant abandonnés à notre malheureux sort, pas plus avancés qu'avant, mais furieux. Oui, bien plus fâchés contre ces accapareurs en carton rouge, venus en ce pays qu'ils oppriment en brigands, soi-disant pour faire la police, que contre les rieurs et inoffensifs âniers qui nous avaient pourtant si indignement bernés ; la suite nous prouva que notre appréciation, loin d'être exagérée, était trop juste. Les bons Anglais, au lieu de nous protéger, n'avaient rien négligé pour nous envoyer assommer par les associés de leur police, leurs anciens compères du 11 juin 1882, adroitement entraînés depuis par les crimes de chaque jour à être constamment prêts à tout événement, même à refaire au besoin, de suite, une autre révolution sur

commande justifiant quelque nouveau méfait britan
nique.

Nous voilà donc relancés à la dérive, comme voués à toujours marcher, nous soutenant tristement sous le bras. Le Muezzin à force de hurler ses dernières prières s'était tu, on n'entendait même plus les sébualles ; seul le fracas des galets se brisant sur la falaise africaine, se distinguait au loin, percé de temps à autre par les cris plaintifs de quelques querelles d'hyènes et de chacals.

Le ciel commençait à blanchir, quand le canon de la citadelle commandant l'observance du Ramazan aux croyants, nous annonçait la naissance du vendredi 25 avril. fête patronale de l'Egypte catholique ; mais à coup sûr ce ne devait pas être la nôtre, car tout ce que nous avions enduré jusque là n'était rien en comparaison de ce que nous avaient préparé les Anglais. L'arrivée du jour était le signal convenu des assassins, où tous les diables de l'enfer s'étaient conviés, sous les traits de hideux nègres géants, de féroces Arabes ; tous ces dormeurs qui semblaient si apathiques tout à l'heure, s'étaient levés, se dressant comme poussés par des ressorts du fond de la terre, dansant, sautant, levant d'une main le poignard, et de l'autre brandissant leur matraque ; leurs yeux de chats brillaient dans l'obscurité d'une façon effrayante, nous étions perdus s'ils n'avaient été si lâches ; à la façon des loups, ils commencèrent par tourner autour de leurs proies, attendant pour attaquer que leur bande se fût renforcée ; au pas de gymnastique il en arrivait de nouveaux à tous les carrefours ; leur sauvage ruse de guerre tendait à nous faire perdre notre faible position défensive, dont la tactique simple consistait en nous serrant solidement, à marcher de côté le dos à la muraille des maisons, qui nous servaient par derrière de rempart protecteur, par là au moins nous n'avions rien à craindre.

Avec les canons de nos gros revolvers, nous cognons les trop pressants en plein visage ; en nous barrant avec des ânes le trottoir, ils cherchaient, c'était bien évident, à nous envoyer au milieu de la chaussée ; là, environnés de toutes parts, bousculés facilement, une fois à terre notre affaire était claire.

Souvent depuis, je me suis demandé, comment en les camouflant ainsi les coups de revolver ne partaient pas en même temps, nous tapions dur pourtant, témoin ceux qui y avaient goûté, l'effet était aussi immédiat que frappant ; on eût juré que c'était de la poudre d'escampette qu'ils avaient flairé ; mais c'était désolant, immédiatement ceux-là étaient de suite remplacés et doublés par de plus enragés : la position devenait de plus en plus critique, nous braquons nos armes, disposés à vendre cher notre vie en débarrassant l'humanité d'une dizaine de ces canailles ! ! quand soudain la Providence vint à notre aide. Il était temps, nous n'en pouvions plus ; un bienfaisant trait de lumière perçait la palissade où nous étions cramponnés, près de nous deux hommes causaient paisiblement de l'autre côté, assis sur leurs talons, au centre d'une agglomération de tonneaux et d'autres marchandises.

Une lanterne, c'était déjà un signe de civilisation, nous frappons en confiance, oh ! bonheur ! ces hommes étaient des douaniers, nous étions précisément à la barrière de la douane, et, chose prodigieuse en Orient, la porte s'ouvrit de suite, sans marchander le bachiche ; grâce à Dieu nous étions sauvés ! Nous nous précipitons dans l'enceinte, comme des échappés de la fosse aux lions; empressement inutile, tous les malandrins étaient déjà loin, partis probablement retrouver le diable et la Grande-Bretagne.

Escortés par nos sauveurs, et la fameuse lanterne, par-dessus un million de barils, nous apercevons une forêt de mâts de toutes nationalités, la mer bouillonnait à nos pieds; une cabine vitrée sert de divan au maître de port, où trois turcs ventripotents, qui avaient probablement obtenu cette charge parce qu'ils n'a-vaient jamais navigué, à demi étendus sur de moel-leux sophas, suçaient doucement leurs narguilhés éteints. Personne n'y comprenant le français, ni l'anglais, ni l'allemand, il ne restait qu'un langage pra-tique pour se renseigner sur la place exacte du *Poitou*, confondu dans l'obscurité avec les autres navires. Une pièce allongée dans la main du plus réveillé fit que les deux autres en ouvrirent les yeux; un sérieux conci-liabule s'engagea alors, entre ces intègres fonction-naires qui, après avoir soigneusement examiné la pièce, fait sonner et retourner bien des fois, d'un commun accord rendirent en leur sagesse le jugement suivant : « Napoléone Bono Bachiche », et portant la main du cœur aux lèvres ils nous octroyèrent un splendide baiser, nous désignant avec une grande déférence, un douanier chargé de nous conduire ; nous avions été compris.

Je crois bien que le *Poitou* ne devait pas être amarré loin d'où nous étions, mais notre logique guide comp-tant que son sous-bachiche personnel serait en compa-raison du service rendu, nous fit faire plusieurs fois le tour des quais, tournant autour des montagnes d'oignons qui s'y trouvaient, nous brisant la tête pendant cette interminable promenade inutile, par une perpétuelle conversation en arabe, dont s'échappait très souvent le mot bachiche, afin sans doute que nous ne l'oubliions pas, et avec cela qu'en passant sur les jetées nous n'étions qu'à demi rassurés, l'aimable conducteur aurait pu facilement s'offrir lui-même son pourboire, et nous donner en retour un bain dans la Méditerranée; mais non il fut très correct, et eut son bachiche à la vue des lampes du bateau libérateur, dont nous franchissons la passerelle, en jurant qu'on ne nous y prendrait plus.

CHASSE A L'AIGLE DANS LE DÉSERT
AU DELA DES GRANDES PYRAMIDES

Au triple galop de nos quatre syriens gris, nous venions de quitter le Royal Hôtel. Le soleil était déjà bien chaud, il n'était pourtant pas plus de cinq heures. Nous enfilions les rues du Caire avec une telle rapidité qu'en quelques minutes le landau nous portait aux rives délicieuses du merveilleux fleuve bleu. C'est l'endroit préféré des Européens, au bord du Nil sont construites les ambassades, c'est le beau quartier; sous les ombrages de ses avenues sont de ravissantes constructions, entourées de plantations admirables, qui donnent de suite l'idée au voyageur charmé, de comparer dans son imagination la route de Guisée au vieux paradis terrestre.

Après avoir passé la grille des jardins de l'ancien palais, transformé aujourd'hui en musée, nous sommes obligés de ralentir le train vertigineux de la voiture, par suite de la rencontre d'un troupeau d'hommes enchaînés. Le drogman nous dit que c'étaient des prisonniers de guerre soudanais ; mais en réalité des esclaves appartenant aux Anglais, occupés par eux à leurs ouvrages, appelés en langage diplomatique travaux d'occupation civilisatrice de l'Égypte. En longues filés ils marchaient serrés deux à deux, portant d'une main quantité d'outils de terrassement, et de l'autre l'énorme boulet rivé à leurs chaînes.

Derrière ces malheureux, marche à pas cadencés sous un parasol, un espèce de personnage coiffé d'un large chapeau gris, sorte de pion ridicule, armé d'un long fouet, c'est le geôlier chargé d'assommer au nom de sa gracieuse majesté Britannique.

Une vraie caricature que ce petit homme grêle, en molletière et pantalon jaune serin ; sa physionomie macabre terminée en museau de renard et sa mise. exciteraient certainement l'hilarité si le cadre qui l'entoure ne nous faisait pousser la tristesse jusqu'à l'indignation.

Oui, on raconte aux Français que l'esclavage est aboli par les nations civilisées ; je dis au contraire que grâce aux lâches événements de 1882, il n'a jamais été plus odieux qu'entre les mains des rapaces Anglais.

Ce n'est pas que j'aie l'intention de conter plus longuement, et comme ce n'était pas non plus ce que nous étions venus voir, continuons vers les pyramides ; en longeant les grands villages nègres, dont les femmes et enfants nus, nous font la conduite en trottant aussi fort que les chevaux pour avoir bachiche.

De loin les deux plus grandes pyramides se dessinent, Chéops et Chéprem, servant de bornes séparatives entre la désolation du désert et la plantureuse vallée du Nil.

En arrivant, nos amis nous gourmandent fort de nous être fait attendre, le fait est qu'ils se trouvaient au rendez-vous avant nous, vu qu'ils y étaient depuis la veille; roulés dans des couvertures, ils avaient passé la nuit avec la belle Phœbéc, pour voir lever le soleil du haut de la pyramide, du moins c'était leur projet en partant, mais le champagne du picknik voisin, modifia sensiblement dans la nuit leur plan, si bien que le jour se leva avant eux. Ce qui ne les empêcha d'affirmer n'avoir rien vu d'aussi beau et n'avoir jamais couché avec tant de chacals.

Enfin, tous enthousiastes et incrédules, enfourchèrent les ânes qui devaient porter les chasseurs au désert, pour cette fameuse chasse à l'aigle, dont nous nous faisions tant fête.

La petite caravane se composait d'un peu plus de deux douzaines d'intrépides, les dames y représentaient presque la moitié ; tout le monde était gai et ne demandait qu'à rire, ce qui fut fait en conscience ; le temps était splendide, pas de simoun, c'était charmant, nous semblions servis à souhait, il n'y avait pas un quart d'heure que le sphinx nous avait vu défiler entre ses griffes que les aigles avaient déjà plané comme des alouettes, salués de suite par quarante coups de feu ; hélas ! sans résultat.

C'était à n'y pas croire. car enfin sur le nombre, quelques balles devaient au moins leur passer diablement près; sans aucun souci du danger, au plus fort de la fusillade, ils descendaient toujours plus bas, ils se moquaient carrément de nous, jamais je ne m'expliquerai une chose si invraisemblable. Si les aigles des pyramides n'étaient cuirassés, nous en aurions bien attrapé quelques-uns.

Sur les une heure, sans plus de résultat, nous arrivions à Zakara avec d'excellentes dispositions pour faire honneur au déjeuner; la chasse nous avait donné grand appétit, on fait avancer le chameau porteur des provisions, et assis autour d'un tapis d'Orient, chacun se vante d'avoir trouvé le moyen de tuer les aigles, tous avaient pincé le truc le meilleur et le plus sûr; ainsi donc à la seconde étape, malheur au gibier. Quelle déconvenue, mes bons amis ; quel désappointement quand j'y pense ! on ouvre le panier, nous avions été volés, le gargotier qui nous l'avait vendu était un Juif, il avait mis à peine à manger pour quatre; et nous étions trente avec une double faim ; encore nous avions promis à nos moucres de les nourrir des reliefs.

Une bouteille de moscato que j'avais dans ma poche, passa comme une goutte de rosée dans la mer, qu'était-ce pour tant?

A un premier partage un demi petit pain d'un sou et une orange m'échurent.

Pour le reste il arriva ce qui arrive en pareil cas, entre gens bien élevés, on s'en fit si bien les honneurs, que personne n'osant manger, une dame plus avisée que d'autres résolut de nous tirer d'embarras en entreprenant la liquidation.

Nous fîmes par occasion la connaissance d'un de ces types de femmes comme on n'en rencontre pas tous les jours; notre partageuse était-elle dame ou demoiselle? probable qu'elle était l'une ou l'autre, vu que si sa démarche et sa voix étaient celle d'un gars, son

accoutrement était plutôt féminin, mais impossible
de rien affirmer, personne ne l'avait même encore
remarquée et elle n'avait pas d'étiquette ; on ne savait
pas plus qui l'avait amenée, personne n'en revendiquait
le parrainage ; ce qui est sûr, c'est qu'elle semblait
d'aussi mauvaise éducation que sans gêne ; prenant le
panier, elle nous démontra sans contredit, que quand
il n'y a pas assez de provisions pour trente, il y en a
bien pour un. Je ne voudrais pas laisser soupçonner
notre intéressante anonyme, d'avoir été assez gour-
mande pour dévorer plus que sa part ; non, je ne veux
pas, ce serait injuste. J'affirme qu'elle ne la mangea
même pas, attendu que le panier était à nous, et qu'il
avait été malheureusement payé comme s'il avait été
plein.

En présence de la bourriche vide, tous en conclurent
qu'elle était douée d'une mâchoire remarquable, et
devait évidemment s'appeler Sans-Gêne.

Il va sans dire que personne ne vantait plus la supé-
riorité de ses procédés pour foudroyer les princes des
nues.

Devant les circonstances, la retraite vers le Caire
s'imposait fatalement de l'avis général, hormis les
protestations de madame Sans-Gêne, la chasse était
flambée ; mais il était convenu qu'elle irait à Memphis,
et voulait aller à Memphis, ce n'est pas elle qui lâche-
rait, et si les femmes devaient encore donner l'exemple
aux hommes, les mener à la victoire, elle les mettrait
bien sur le chemin de l'honneur. Tout à coup d'un
geste héroïque, brandissant encore une cuisse de poulet
elle fait quatre pas en avant, s'écrie rouge d'indignation : « Partons pour Memphis, qui m'aime me suive ! »
Que voulez-vous ? les hommes oublient d'être galants

quand ils ont faim, pas un seul ne répondit à l'éloquente invitation, madame Sans-Gêne restait seule avec ses cinquante printemps, et la permission d'aller aux cent diables.

Un autre ennui nous attendait; nous avions par contre-coup tellement baissé dans la considération des moucres, habitués à être régalés par les pratiques Anglais, qu'ils étaient en train de relouer à d'autres nos montures, les selles ne se retrouvaient plus, telle était leur frayeur de tout perdre avec de pareilles gens. La vie au désert ne devenait pas rose, il fallut tempêter pour ne pas y rester; enfin, après une courte visite au Sœrapeum et au tombeau des Ibis, nous pûmes nous mettre en route sans plus regarder les aigles.

Je ne consacrerai qu'un mot au souvenir du Sœrapeum, ancien tombeau des bœufs Apis : c'est une grande cave taillée en voûte sous le sable brûlant, très comparable, mais moins bonne, que nos chaix du Saumurois, avec de vastes enchères sur les côtés, où on plaçait les dites divinités après leur mort; rien de curieux, à part la chaleur mortelle qui étouffe en cette cave.

Le tombeau des Ibis sacrés n'est presque plus qu'une ruine, qui peut-être peut avoir quelqu'intérêt pour les Égyptologues amateurs de hiéroglyphes, mais pour nous c'était trop maigre à avaler. Honteusement nous opérions notre retraite, trottinant dans le sable, quand tout à coup nous vîmes poindre à l'horizon Madame Sans-Gêne, arrivant de par Memphis bride abattue, ce qui nous fit beaucoup rire; c'était son âne, plus sage qu'elle, qui d'autorité l'avait ramenée; le malheureux paya de coups la déconvenue; mais le baudet imagina de s'en venger par tous les moyens à lui connus, et c'était un malin compère, très ferré sur toutes les ruses connues de ses pareils.

D'abord, se gonflant, il fit craquer ses sangles avec tant d'art que, la selle tournant, l'écuyère tomba sur le dos ; une fois le malheur réparé par une ficelle, le bourriquet, se pâmant à la vue d'une taupinière, lui indiqua que la route était en avant. Crac, voilà Madame Sans-Gêne le nez par terre, les jambes en l'air, les jupons par-dessus la tête ; sa colère était du dernier comique ; ne sachant à quoi s'en prendre, elle injuriait tout le monde. ce qui suggéra l'idée de donner avec une épingle le conseil à son porteur de la desservir une troisième fois.

Le baudet à l'instant, levant tout autre chose que le nez, l'envoya dans la direction de Memphis assise sur le sable, avec quelque chose de comparable à une forte correction à l'endroit où elle le méritait. Nos brillants landaux du matin n'étaient naturellement plus aux Pyramides ; ils ne devaient revenir nous y chercher que le surlendemain, comme c'était convenu. Aucun en passant ne s'arrêta à escalader la merveille, c'est une de ces choses pénibles qu'on ne fait qu'une fois pour dire qu'on l'a faite, mais jamais on ne recommence deux à se faire rompre les os par les guides. Vous ne savez peut-être pas que pour faire l'ascension de la grande pyramide d'Égypte dans toutes les règles, on prend six bédouins, quatre se chargent de vous disloquer les bras en vous enlevant, les deux autres poussent par derrière ; comptez que chaque marche a 1ᵐ,40 de hauteur sur pas plus parfois de 40 centimètres de large ; jugez dans quel état sont ceux qui arrivent ainsi, au haut des 150 mètres.

Croyez-moi si vous voulez, l'an dernier, je n'avais

pourtant qu'un petit Arabe à me tenir par le poignet ;
mais je me souviens encore par expérience que le
massage est du dernier pyramidal, et que les pauvres
membres s'en rappellent longtemps.

C'était donc sur nos mêmes ânes qu'il fallait aller
jusqu'au Caire, les âniers trouvant la course au désert
suffisante pour eux et leurs bêtes voulurent s'y refuser ;
une bâtonnade d'importance leur fit comprendre que
nous ne pouvions faire un tel chemin à pied.

Cette dernière étape ne fut heureusement pas longue ;
une fois sur la route, nos coursiers, sentant l'avoine,
se prirent à mener une course folle, nous trimballant
bon train à leur fantaisie, puisque les rênes qu'ils
avaient n'étaient que pour la frime, c'étaient de simples
ficelles attachées au licol.

Nous voilà dispersés dans toutes les directions ; les
ânes, la queue en l'air, sans vouloir temporiser, ni
nous laisser souffler, couraient au râtelier ; le mien,
par bonheur, était du Royal Hôtel.

La conclusion que je veux tirer de ce souvenir, est
que je donne le conseil à tous amis, de ne jamais se
déranger pour les aigles des Pyramides qui contemplent
le chasseur et s'en fichent quarante fois.

UN DIMANCHE A TRAVERS LA BASSE-ÉGYPTE
HÉLIOPOLIS ET MATARIEH

Ce matin-là, le rendez-vous était à une des petites
gares du Caire, pour une excursion en chemin de fer
de quelques instants à travers les rizières ; nous allions

à la messe à Matarieh. Partout, de chaque côté de la ligne, la végétation est superbe, les récoltes très variées atteignent des dimensions bien supérieures aux nôtres, ce qui n'a rien d'extraordinaire quand on songe que le delta est si puissamment favorisé par la chaleur, l'eau et l'engrais à profusion annuellement renouvelé par le limon qu'y laisse le Nil en se retirant.

Avec le précieux concours de ces trois principes généreux, il n'est pas bien difficile de s'expliquer comment en Égypte on fait deux récoltes par an, tandis qu'en France nous avons tant de peine, ces années surtout, à en faire croître et récolter une médiocre.

Comme je l'avais déjà remarqué en voyageant d'Alexandrie au Caire, les progrès de l'agriculture en général sont très avancés; les terres toutes très cultivées donnent à cette partie de la basse Égypte l'aspect d'un vaste et vert jardin de 182 kilomètres de longueur; le sol ici, comme là-bas, après avoir été soigneusement fouillé par les meilleures Brabant, est ensuite fort bien ameubli avec les originales charrues du pays, traînées par un chameau et un buffle attelés de front, sous une sorte de joug en cerceau; l'inégalité combinée de la taille des deux bêtes donne la pente voulue au soc emmanché de façon à verser la terre toujours du côté du bœuf; par ce moyen, avec la même charrue, sans transformation, on rejette dans le sillon à droite ou à gauche, à volonté, il n'y a qu'à changer l'attelage, mettre le chameau d'un côté ou de l'autre de son compagnon, ce qui est facile vu la simplicité du harnais. Les semences soigneusement triées ne sont confiées à la terre que par de bons semoirs, comme nos cultivateurs en voient dans les grandes expositions agricoles sans en faire l'utile dépense. Dans tout l'Orient cultivé on a de ces instruments économiques et pratiques, jamais les semailles ne se font à la volée. A ce propos je me souviens d'avoir vu en Asie, dans les vallées de Syrie, sur les ruines de la Samarie, des indigènes à peine vêtus de peaux de mouton, mais ils possédaient un semoir aussi primitif qu'ingénieux : c'était une outre de cuir, sorte de sac en entonnoir, terminé par une douille de bois, par laquelle le froment ne passait que selon la pression qu'ils donnaient avec la main à leur pratique instrument ; le grain tombait fort bien et également dans la rigole. Les semis ne se font qu'en rangs, ce qui en simplifiant le sarclage et les nombreux binages pratiqués dans l'entre-deux par l'intelligent agriculteur, facilite les moyens d'absorption d'air et d'eau en plus grande quantité.

En Égypte il ne pleut jamais, ou très rarement. Pour arroser les plantes, l'Égyptien doit donc y suppléer par l'immersion ; voici comment il s'y prend :

Les champs carrés et grands de plusieurs hectares, sont en contre-bas d'une petite chaussée qui les clôt ; à l'angle le plus rapproché du canal en communication avec le fleuve, est un puits surmonté d'un manège mû par un buffle ; l'eau puisée ainsi s'en va dans toutes les directions de la plantation, dont l'aspect topographique a un faux air des marais salants du Bourg de Batz en Bretagne ; comme les paludiers, les fallahs règlent la distribution des divers fossés avec des petites pelles.

Cette culture ne serait pas pratique en France, où nous avons de longs hivers mouillés, ni même en Palestine où la végétation est privée du bénéfice de nos rosées ; durant les grandes chaleurs on ne pourrait faire ainsi, car en ce pays il y a des pluies, et quand elles tombent c'est par torrents, courant sur la terre durcie par le soleil, et ravageant tout sur leur passage. En général par là comme en France, il y a donc plutôt lieu à égoutter qu'à immerger.

Les Asiatiques en parant au danger, tirent néanmoins profit de la situation à l'avantage de leurs récoltes, ils piquent le sol entre les rangs avec un outil pointu, et l'eau au lieu de faire du mal entre en terre et active la croissance des céréales.

La première récolte des orges a déjà été faite avec le concours des moissonneuses mécaniques lieuses système américain; on bat actuellement ces grains qui s'expédient à bon marché de tous côtés et servent à nourrir l'immense quantité de volailles élevées en Égypte. Les poulets valent six sous, et ces élégants pigeons blancs qui volent autour de toutes les maisons ne se vendent que deux sous; à de pareilles conditions un grand commerce s'en fait avec l'Europe; tous les jours les plus gros navires en partent chargés. J'ai vu embarquer sur un seul, quinze mille barils d'œufs payés un sou la douzaine; un autre bateau également en partance pour la France, était exclusivement chargé de caisses de cailles vivantes, prises à pleins filets aux environs d'Alexandrie.

Malgré la chasse qu'on lui fait, le gibier est encore si abondant, qu'il arrive par son nombre à faire de grands ravages; sans parler des lions et hippopotames, sur lesquels j'ai l'avantage de ne savoir rien dire; les hyènes, les chacals, et surtout les perdrix que j'ai vues voyageant en bandes compactes à la façon des corneilles dévastent tout.

En Turquie d'Asie c'est la même chose, un propriétaire de Bethléem me contait sa désolation en présence de sa vigne mangée par ces oiseaux; il donnait pourtant un franc de prime à celui qui écrasait un nid de perdrix, et trente sous à tout Arabe qui lui tuait un chacal.

Aux haltes les indigènes apprenant que nous sommes Français, nous apportent leurs plus précieux présents. Ici ce sont des concombres qu'il faut accepter sans rire, là une moisson de roses blanches et plus loin une gargoulette d'eau fraîche.

Le train s'arrête; nous sommes à Héliopolis que je connaissais bien pour y avoir été à cheval une année, ce qui me donnait plus ample connaissance du pays.

En moins de cinq minutes nous arrivons au jardin de Matarieh but de notre voyage; c'est à l'ombre même de l'arbre de la Vierge que les pères de l'Assomption dressent sur un pliant le petit autel de mission. En face tous debout, nous avons assisté à cette messe, remués, jusqu'au fond de l'âme, et heureux de sentir comment il se fait que plus on a été à Matarich plus on désire y revenir. Vous savez que lors de la fuite en Égypte la sainte Vierge, épuisée de fatigue, s'arrêta sous un arbre; les savants prétendent que si ce n'est le même c'est certainement un de ses rejetons, repoussé sur l'unique et même racine; j'en ai rapporté plusieurs feuilles et une branche cueillie devant moi, par le chef de la police du Caire qui m'en fit hommage.

Devant ce grand et saint vieillard à l'écorce épaisse et rugueuse, coule la fontaine qui jaillit au souhait de Marie, et où elle but.

Les Pères Jésuites qui ont une propriété voisine, nous offrirent après la messe sous une tonnelle de verdure un petit lunch de saucisson de chameau et du vin de Chypre, pour faire attendre le déjeuner que nous devions retourner chercher au Caire.

Après un court pèlerinage à la sainte Grotte, et une petite promenade dans le parc où toutes les fleurs d'Égypte s'abritent de tous les arbres de la création, on ne voit de ces jardins qu'en Orient, nous replions sur Héliopolis visiter le champ de bataille du 19 mars 1800; c'est autour de l'obélisque, seul témoignage d'antiquité existant ressemblant assez à celui de la Concorde par ses hiéroglyphes bizarres, que Kléber écrasa les terribles Mamelouks.

De ce noble souvenir de gloire arrosé du plus pur sang de nos héros, dont le souvenir fait battre tout cœur français, il n'est plus qu'un beau champ de froment, qui promet déjà une splendide moisson : qui sait s'il n'est pas à quelque Anglais !

On raconte, et c'est historique, quoique peu connu, que sous le règne usurpateur de Napoléon III, le Pacha comprenant l'avantage de mettre l'Égypte sous la protection religieuse de la France chrétienne offrit gracieusement le plus beau jardin du monde à l'Impératrice.

Hélas ! à ce moment le Gouvernement français n'était plus qu'une parodie de la vieille monarchie des Lys.

L'offre de son altesse fut refusée !..

Voilà pourquoi il n'y a pas au centre de l'Égypte une N. D. de France, pour la protéger de sa croix et arrêter les convoitises par son drapeau.

C'est la cause de toutes ses plaies.

MOEURS DE L'ÉGYPTE

A Alexandrie, au centre de la place des Consuls, la reconnaissance a élevé une statue au glorieux fils de l'Épire, que Dieu désigna pour être le sauveur de l'Égypte.

C'est Mahemet-Ali, dont la féconde et utile vie fut employée à travailler à la restauration du peuple qui l'avait choisi, pour s'affranchir en chassant Kourchid, et anéantir les mamlouks oppresseurs séculaires et plaie de la nation.

En chrétiens, reconnaissons sa justice, par la pieuse tradition qu'ont conservée ses nobles descendants ; en accordant à tous cultes la liberté d'honorer le bon Dieu, chacun à sa façon, ce qui, souhaitons-le, portera bonheur à sa dynastie, et l'aidera en lui donnant confiance en l'avenir à surmonter les difficultés du présent.

Aujourd'hui au Caire, devant la mosquée qui renferme son tombeau, pour déposer notre pensée de respectueuse admiration, sur celui qui sema le bien général , prions la Providence qui l'envoya de bénir l'Égypte et son roi.

Dans la citadelle la grande mosquée est fièrement campée au sommet du mont Mokattam, elle domine la ville et le désert par où en 1806, l'ancien vice-roi Kourchid-Pacha craignant la colère de ses vainqueurs, s'enfuit à Constantinople, annoncer que l'Égypte revendiquant ses justes droits de liberté , avait adopté

Mahémet-Ali qui plus tard en 1838, le confirma aux Turcs par d'autres arguments.

Très différente de la mosquée d'Omar à Jérusalem et de presque toutes celles que j'ai vues, elle ressemble plutôt par sa forme à une superbe église; à part ses nombreux croissants en place de croix, et l'absence d'autel à l'intérieur, je n'ai vu d'autres particularités qu'au lieu d'une chaire il y en a deux dont une atteint presque les voûtes.

La loi religieuse musulmane veut qu'on change en entrant ses chaussures, contre des babouches arabes; un somptueux tapis garnit toute la mosquée, les croyants y font leur prière couchés ou accroupis sur leurs jambes croisées, récitent leurs litanies à Allah.

A droite de la porte, dans une cage d'or, est le cercueil de Mahemet-Ali.

Dans la citadelle est le palais royal avec d'autres mosquées, et pour enlever aux Égyptiens l'idée de se souvenir de l'affaire du vendredi 1er mars 1811, les Anglais y tiennent garnison avec des canons.

Il est facile de se rendre compte du succès qu'obtint le plan de Toussoûn, le jeune fils chéri de Mahemet-Ali, alors âgé de seize ans seulement, et pourtant aussi lui bien près de la mort. Une seule chose m'étonne à l'examen de cette oubliette si favorisée par la disposition des lieux, c'est qu'un mamelouk échappa à la mort, grâce à son courage, et à celui de son coursier, en se précipitant tous les deux du haut des remparts sans se faire aucun mal de leur chute de 15 mètres et qu'ils gagnèrent la haute Égypte sans être atteints. Et disons que, plus favorisé par le destin que les autres, Amin-bey, attardé, n'était pas encore rentré dans la souricière où devait périr la féodalité militaire circassienne opposée

aux réformes civilisatrices du nouveau Khédive. A
cheval, sans méfiance, dans leur plus bel attirail de fête,
précédés et suivis de bourreaux, les cinq cent soixante-
dix beys (seigneurs) mamelouk descendaient le défilé
étroit et rapide qui mène à la mosquée de la ville ; à
peine y furent-ils entrés, que l'exécution est ordonnée ;
entre deux portes refermées, des rochers, de partout, à
bout portant ils étaient fusillés, poignardés, décapités
par quatre mille soldats, sans pouvoir se défendre,
néanmoins ils moururent tous en braves, le sabre à la
main.

Chaïm-bey leur Elfy (prince) tomba un des derniers,
en embrassant, dit Lamartine, le seuil du palais de
Saladin.

Leurs têtes mises en pyramides firent un trophée au
centre d'une cour.

Depuis des nuées de corbeaux errent autour de la
citadelle, cherchant à raviver ce souvenir d'il y a plus
de quatre-vingts ans.

Les histoires nous apprennent qu'en politique les
moyens énergiques sont les bons ; pour arriver au
triomphe du bien, il est des actes pénibles mais néces-
saires, ainsi était là destruction des mamelouks ennemis
du Christ et de l'humanité.

Maintenant que nous avons étudié l'origine de la
restauration Égyptienne, sur le théâtre où elle naquit,
redescendons encore ensemble vers le centre du Caire,
visiter les progrès que lui a fait faire dans la civilisation sa nouvelle monarchie.

En une demi-heure on arrive au beau quartier neuf,
où est le Palais de justice bâti en marbre rose, les
postes, les casernes, et de belles maisons ; de la place
regardons l'entrée du bazar, cette même rue imitée et

si fidèlement reproduite à l'ombre de la tour Eiffel, avec ses boutiques et les mêmes marchands qu'on avait menés à l'Exposition de 1889, les âniers qui se précipitent à la vue de Français s'en recommandant de suite.

Les Anglais n'ayant pas fait subir aux bazars du Caire la même destruction qu'à Alexandrie par le bombardement du mercredi 11 juillet 1882, il en résulte que ce quartier populeux a encore de vrais magasins, au lieu de misérables cabanes de planches.

La population en général est composée d'Arabes et de Coptes, mais au bazar où règnent les Juifs, il y a encore des Turcs, des Arméniens, des nègres, bon nombre de marchands chrétiens surtout des Grecs.

Plus tranquille est le quartier européen où sont généralement situés les meilleurs hôtels ; la rue garnie de beaux magasins ouvrant sur des galeries trottoirs semblables aux Arcades Rivoli à Paris, est pavoisée ce jour en l'honneur du prince héritier et de la princesse de Suède, qui viennent de quitter le Schepheard-hôtel où ils ont passé l'hiver.

Le Caire a la réputation d'être la station climatérique la plus douce du monde, la ville enchanteresse de Guisée à la vogue, allons-y donc.

Dans la foule, au milieu des caravanes de chameaux, passent çà et là de graves Arabes, levant les pieds au niveau du nez de leur petit âne, pour qu'ils ne traînent pas par terre; leurs femmes armées d'une baguette courent à pied par derrière.

Tout d'un coup nous entendons un épouvantable bacchanal, partant d'un groupe de gens qui courent en venant vers nous; c'était un enterrement; il est d'usage que le défunt dans ses plus belles robes, soit porté à brancards, sur les épaules de braillards, escorté d'une bande de pleureurs, payés pour larmoyer et chanter probablement les vertus du mort.

Leur nombre varie, suivant la richesse de la famille; j'en conclus par cet échantillon, que pour les funérailles d'un pacha le vacarme doit être infernal, et je n'ai pas encore dit que ces lamentations étaient accompagnées d'un orchestre à grand renfort de vieilles casseroles et d'éclats de porcelaine; c'est à décamper carrément quand les pleureuses veulent gagner en conscience leur argent, et comme c'était précisément le cas, avec nos cannes nous cognons sur l'échine du cocher pour le presser.

Le culte des morts chez les Égyptiens ne date pas d'hier à en juger avec quel soin ils momifiaient les corps, dès les temps les plus reculés; on se fait une idée de la perfection à laquelle ils étaient arrivés, à l'examen de ces momies dont la conservation est extraordinaire. Une des plus curieuses est celle du faméux Sésostris qui vécut, dit-on, une quinzaine de siècles avant N. S. J.-C.; les savants ne sont pas d'accord sur les dates précises au sujet du règne de ce persécuteur des Hébreux.

Une des excursions les plus instructives à faire, hors le Caire, est une visite aux tombeaux des Califes; c'est par ses dimensions une ville entière de morts avec ses mosquées, ses boulevards, ses rues, où les demeures sont des millions de tombeaux, divisés par quartiers, seuls souvenirs généalogiques existant mais muets des générations régnantes en Égypte de 638 à 1171 de notre ère.

Leurs descendants se reconnaissent encore au turban

vert, que tous les descendants de Mahomet portent spécialement, marque distinctive de droit aux égards.

Dans tous les siècles les morts et les cimetières avaient été religieusement respectés par les diverses dynasties qui se sont succédé à gouverner le pays après les Califes, les Ayoulites, et en 1341 les Mamelouks; plus tard en 1517 les Turcs, et les Français en 1798, les Égyptiens depuis 1801 ; il fallait donc que les Juifs importés par les rapineurs de 1882 exploitent la particularité qu'a encore le sol de l'Égypte, de conserver intacts les corps, même sans apprêt, les desséchant, sans les consumer. Dans différents magasins où on vend des bimbeloteries de Paris aux étrangers comme souvenirs authentiques, on trouve également des momies humaines et de soi-disant chats sacrés ; j'en suis sûr, j'en ai vues et marchandées par curiosité ; ces canailles d'Israëlites se les procurent en déterrant simplement des cadavres qu'ils ficellent comme des poupées, et en font des Pharaons sur commande.

Il n'est donc pas étonnant de rencontrer depuis quelques années des momies, dans presque tous les musées du monde.

Après midi, la chaleur devenue extrême dans les rues, envoie le promeneur au quartier européen, soigneusement planté d'arbres colossaux, dont les branches géantes forment, en s'enlaçant, un parasol aussi gracieux qu'agréable.

Je ne sais rien à comparer aux ombrages de la route des Pyramides, le soir, entre quatre et cinq heures, au moment où tout le luxe du monde s'y donne rendez-vous : voitures, cavaliers et piétons y viennent respirer l'air pur, parfumé et vivifiant du Nil, un peu comme font les Parisiens en allant au bois de Boulogne; mais les avenues de Guisée sont en tout supérieures, la splendeur du parc du Palais, la fraîcheur des verdures et des plantes, toujours émaillées des plus' vives nuances. J'en reconnais dans le nombre que nous ne pouvons conserver en France que rabougries, en serre chaude ; ici elles atteignent la dimension des chênes séculaires.

Çà et là s'échappent des îlots du fleuve, qu'accompagne toujours le voyageur charmé, des volées d'ibis roses effarouchées par les crocodiles.

A l'heure où la grande vie égyptienne commence, tous les consulats hissent leurs drapeaux ; les brillants équipages du Caire défilent dans les allées, les berlines des harems sortent, les pachas, dans leurs mylords, croisent des centaines d'écuyers et d'élégantes amazones.

De ravissantes charrettes anglaises attirent particulièrement l'attention, par l'élégance de leur attelage et l'aisance avec laquelle les conduisent à travers la foule, de jolies jeunes femmes ravissantes, avec leurs petites toques sur l'oreille et leurs fraîches toilettes claires ; par derrière le petit groom est un négrillon en culotte courte et livrée blanche, ce qui fait trancher davantage ses colonnes d'ébène plantées dans ses petites bottes à revers.

En ce longchamp les orientaux se distinguent des européens, d'abord à leur fez rouge et encore au sans-façon avec lequel les saïj des Pachas rangent les fellahs.

Un saïj ou saïs est un serviteur qui court nu-pieds en avant des carrosses, en frappant la foule d'un grand roseau pour l'écarter sur le passage du seigneur. Sur les pelouses, des soldats à cheval font la fantasia ; d'autres jouent au lawn-tennis.

Les bords du Nil offrent alors le plus ravissant coup d'œil qu'on puisse rêver ; c'est l'exhibition des immenses richesses de l'Égypte, dont l'éclat éblouit l'étranger qui admire le gouvernement civilisateur, qui a transplanté ces merveilles du ciel sur terre. .

Après dîner nous allons nous asseoir quelques instants, goûter au détestable raki et au mastic épouvantable, à une des petites tables d'un des endroits les pittoresques du monde.

C'est le café des voleurs, où se rencontre chaque soir l'aristocratie de haute filouterie universelle, qui après avoir mis les mers entre la justice de leur pays et eux, se sont réfugiés au Caire, où ils jouissent de l'inviolabilité, et des charmes de la grande vie orientale.

Ce cercle original est le rendez-vous connu de tous les Arton de la terre, qui viennent tranquillement y fumer leur narguilhés.

En rentrant au Royal Hôtel, nous rencontrons les voitures de la Cour, revenant de l'opéra ; spontanément, les habitants sortent des maisons, dont le maître armé d'une sorte de citare, exécute sur le seuil de sa porte l'hymne khédivial, que tous les passants de la rue arrêtés par respect, dansent de suite sur le trottoir, touchante manifestation d'un peuple reconnaissant à son prince bien-aimé.

EXCURSION CHEZ LES COPTES
A FOSTAT-MASR

Le vieux Caire est délicieusement assis depuis des siècles en face Guisée, sur la rive droite du Nil, où il baigne les pieds de ses cactus couverts de figues; il est principalement habité par des commerçants Coptes, issus de la vieille race du pays, restés jusqu'ici malgré tout chrétiens, mais hérétiques; leur patriarche prend le titre d'Alexandrie et Jérusalem, et réside au Caire qui n'est qu'à deux kilomètres, nous sommes donc dans les faubourgs.

Les Coptes Eutichéens sont séparés de l'Église Romaine depuis 448, maintenant ils parlent arabe, mais ils semblent n'avoir perdu l'usage de la langue Égyptienne que vers le milieu du dix-septième siècle. Ils sont généralement très ignorants en religion, je ne crois pas qu'ils tiennent maintenant beaucoup à leur erreur, dont la fin paraît proche; cependant ce qui est certain, c'est qu'ils sont encore en dehors de notre sainte Église, et qu'ils font les cérémonies et pratiquent les sacrements à la façon de barbarie, comme nous l'avons vu en leur misérable église délabrée du Vieux-Caire; ce qui est triste quand on songe qu'elle devrait être sous la protection de la France catholique, comme faisant partie intégrante des Saints-Lieux, puisqu'elle est bâtie sur les précieux restes de la maison qu'habita la sainte famille au Caire.

Le jour où nous y étions, ces hérétiques étaient en fête, ils baptisaient une nichée d'une douzaine d'enfants de huit à dix ans, en les tantouillant impitoyablement la tête la première dans une piscine remplie d'eau ; après quoi séance tenante, ils leurs administrent la confirmation bien entendu à leur mode ; la voici : A trois ou quatre ils maintiennent fortement par les gigots le pauvre petit tout nu, et l'oignent consciencieusement des pieds à la tête ; leurs chants criards, mêlés aux crix déchirants des patients produisent une musique toute discordante ; quand la cérémonie est finie on rend les bébés contre argent à leurs familles venues dans leurs beaux atours, qui les habillent dans l'église en les consolant ; quand l'abuna est satisfait du bachiche, il vient aider la maman à câliner.

Les Egyptiennes parées de leurs diadèmes et de leurs larges colliers d'or, sont très jolies ; elles aiment toujours autant les bijoux que leurs ancêtres du temps des Pharaons ; mais ce qu'elles redoutent, c'est la photographie, ce qui est contrariant, car le souvenir d'un de ces types de race pure, n'eût pas mal fait en notre album ; pour insister nous dépêchons un ambassadeur qui avec tout son talent diplomatique et art de bien dire aux dames, alla expliquer en s'allongeant les moustaches, que l'opération se faisait promptement et sans aucune souffrance, ce qui parut les rassurer et les ébranler. la pose ne tenait plus qu'à un fil, nous en venions à nos fins, quand les ombrageux maris intervenant malencontreusement avec la prétention abusive d'étendre leur monopole jusqu'à les faire voiler, nous étions volés.

Il convient d'ajouter que si la coutume Ottomane veut que dans la rue toute femme orientale soit voilée, les belles et un plus grand-nombre qui croit l'être, savent à merveille faire tomber leur haïc, en passant ;

se donnant un air effarouché elles feignent d'avoir eu l'intention de se redraper à la vue de l'étranger, ce qu'elles ne font avec vivacité que quand elles sont sûres d'avoir bien vu et qu'on a bien tout vu; la ruse est commune même à la pauvre esclave, elle sait aussi faire valoir ses avantages, et connaît l'art de faire admirer ses beaux yeux, en écartant la pincette de sa muselière distinctive.

Se cacher est de principe musulman, ce qui veut dire que la pratique est toute de convention, témoin la petite Arabe de l'autre jour, qui, profitant de ce que son maître n'est pas là, et que l'escalier n'est pas gardé, accourt au tonneau d'arrosage qui passait dans l'avenue, et relevant sa chemise au niveau du menton, prend un agréable bain aux flots des robinets distributeurs; après quoi prompte comme l'éclair, elle se précipite dans la maison, et tranquillement retrouve sa place sur la terrasse, au milieu de six ou sept autres femmes, et d'une bande d'enfants.

Je viens de dire qu'au Caire il y a des tonneaux d'arrosage, comme nous en voyons l'été dans nos grandes villes françaises.

J'ai conté même quels services ils rendaient au besoin par surcroît en Orient; j'ajouterai qu'on les emplit au Nil, les uns par les grandes machines à vapeur importées par les Européens, pour verser l'eau dans les conduits qui la portent en grande abondance à la capitale, et rejettent leur trop plein sur la campagne; mais comme elles sont coûteuses et pas à la portée de tous, un grand nombre emploie les vieilles balançoires égyptiennes, qui ont dû probablement donner naissance aux traits de puits, employés par les maraîchers de Saint-Laud, à Angers.

D'autres se servent du Noria, avec la chaîne à godets, système de nos moulins à farine ; le buffle qui le tourne n'a rien de commun avec nos bœufs ; la couleur uniforme de ces animaux est gris souris, les vaches sont de moité plus petites et ont une bosse entre les deux épaules, moins prononcée que celle du mâle.

L'Arabe fainéant qui le touche, n'a lui aussi pas la promptitude de nos fermiers ; il est couché, et en dormant il active sa bête avec un roseau taillé bien long, pour l'atteindre de partout sans se déranger ; si on ne doit pas confondre son inertie avec l'activité de nos cultivateurs, il ne faudra pas plus le comparer aux Coptes ; l'histoire raconte, au contraire, que les vieux Égyptiens avaient poussé l'amour de l'agriculture jusqu'à adorer leurs légumes. Au contraire, les fils du désert regardent le travail à la terre comme un déshonneur ; aussi voient-ils avec dédain le fellah aligner ses oignons. Pour eux, d'ailleurs, à quoi leur servirait de travailler ? ils n'ont besoin de presque rien pour vivre les plus heureux de la terre : du soleil et une courge rapinée suffisent pour les nourrir et les faire rire.

Si incidemment, par comparaison, j'ai parlé des Arabes, j'ajouterai un mot sur les juifs qui sont en Orient, ce qu'ils sont partout ailleurs, c'est-à-dire la calamité sociale. Ce sont eux qui ont prêté l'Égypte aux protestants anglais, à condition d'en sucer les trésors ; ce sont ces internationaux qui maintiennent encore l'occupation, non par la force dérisoire des armes britanniques, mais par leur union infernale de race à l'étranger, et n'abandonneront leur proie que quand il ne restera plus une piastre à ronger sur les bords du Nil.

Jusqu'aux petites juives qui se mêlent de faire de

l'occupation à la façon que voici : nos bons amis d'outre-Manche, forts de notre inexplicable neutralité, croyaient à leurs beaux jours de 1882 que l'annexion de l'Égypte allait aller toute seule, et qu'avec leurs procédés de colonisation ordinaires ils viendraient facilement à bout de ce peuple, comme des nègres de leurs possessions d'Afrique, avec les bons secours de l'alcool et l'aide d'Asmodée ; aussi ont-ils établi des bars partout, et dans toutes les rues ; mais actuellement l'expérience démontre qu'ils se sont si bien trompés en leurs calculs, que les juives ne versent le poison qu'aux seuls soldats anglais qui tiennent fidèlement garnison près d'elles. A Alexandrie, surtout, c'est scandaleux ; leurs officiers ont d'ailleurs trop d'occupations pour réagir et sortir leurs hommes des bras de filles d'Israël. Je sais un colonel employé à couver, je ne plaisante pas, je m'explique : Mehemet-Ali, comme on sait, en relevant les ruines de l'Égypte, a gardé le monopole de l'administration du commerce et de l'industrie au profit du gouvernement, pour mettre la fortune nationale à l'abri des spéculations de la juiverie. Les affaires prospérant, il avait établi des manufactures, des forges, des fonderies, des filatures, des raffineries, etc., qui écoulaient leurs produits sur le port d'Alexandrie, devenu l'entrepôt de toutes les marchandises de l'Égypte, de l'Asie et des Indes ; du centre de l'Afrique venaient des caravanes apportant des plumes d'autruches très recherchées en Europe, et qui s'y vendaient alors fort cher, ce qui frappa l'industrieux Khédive, qui résolut d'en entreprendre le commerce, et faisant capturer des autruches au Soudan, il les enferma dans un vaste enclos, près du Caire ; ainsi commença son élevage, qui devait si bien réussir que, vu l'abondance de la récolte,

le prix des plumes de ces oiseaux est réduit maintenant
de plus de moitié sur ce qu'elles valaient il y a une
trentaine d'années, ce qui n'empêche pas l'autrucherie
khédiviale d'être toujours d'un revenu considérable ; la
vente annuelle de la plume des mâles se chiffre par des
centaines de mille franes ; cette acclimatation fort ori-
ginale renferme plus de mille sujets de tous les âges.

Vous étudiez dans ces parquets depuis la grande
autruche adulte qui l'habite jusqu'à l'autruchon sortant
de l'œuf, à peine du poids d'un canard ; on le voit
s'ébattre à travers la glace de la couveuse artificielle
qui l'a fait naître.

Depuis les événements anglo-égyptiens, l'autrucherie
royale existe toujours, mais elle a passé entre les mains
des honnêtes Anglais, qui débarrassent le Khédive de
l'embarras d'en toucher le rapport, ainsi que de ses
autres fermes, et, toujours affaire de rendre service à
son Altesse, ils en ont confié l'administration à un colonel de l'armée d'occupation, dont la mission est de
couver le plus d'autruchons possible.

En nous éloignant du vieux Caire, nous regardons
un croyant faire dévotement son namaz sur son bur-
nous étendu en tapis ; peut-être touché des maux de sa
malheureuse patrie en appelait-il à Allah ; mais l'heure
de Dieu n'est pas encore venue ; en sa justice, il préfère
de beaucoup à l'hommage de l'infidélité, la prière du
petit enfant des écoles chrétiennes, que nous avons vu
portant avec peine son drapeau, que le moindre souffle
fait pencher. Il est si lourd pour ses faibles forces, que
la sœur de charité, qui est près de lui en l'encou-
rageant à le tenir bien droit, est obligée de le redresser
souvent elle-même de sa main bienfaisante.

Par cette image, reconnaissez en ce jeune orphelin,

l'Egypte abandonnée, dont les droits sont fermement soutenus par la religion, sa charité et ses vertus représentées par cette admirable fille de France.

Espérons que le jour est proche où la jeune génération égyptienne, grandie par l'éducation chrétienne, tiendra seule ses étendards.

LES
Souvenirs
d'Égypte

Imprimés à un très petit nombre d'exemplaires numérotés, ne se vendent pas en librairie, ils sont la propriété de l'auteur, comme le fut déjà, en 1892, son ouvrage de propagande sur

JÉRUSALEM

ŒUVRE APPROUVÉE LE 10 JUILLET 1891

PAR Mgr FREPPEL

En 1896

La XVᵉ caravane française embarquera à Marseille le vendredi 17 avril, à bord de *N.-D. de Salut*.

POUR

Le Carmel, Nazareth, Tibériade, Samarie, Jérusalem, Smyrne, Ephèse, Constantinople, Athènes.

(Canal de Corinthe, Corinthe et Patras)

Retour à Marseille, le mardi 2 juin

Angers, imp. Lachèse et Cie, 4. chaussée Saint-Pierre.